◆ 머 리 말 ◆

　우리들의 일상 생활에서 말과 글로 이루어지지 않은 것이 없는 것처럼 펜글씨야 말로 사회 생활에 있어서 매우 중요한 자리에 있다고 할 수 있다.
　어떻게 하면 보기에 깨끗하고 아름다운 글씨를 쓸 수 있을까? 그러자면 붓글씨처럼 오랜 시간의 연습을 쌓아야 할 것이나 분망한 오늘날의 사회 생활 속에서는 시간의 여유가 없으므로, 이 점을 안타깝게 여겨 펜글씨의 용필(用筆)과 그 운필(運筆)의 기본을 짧은 시간에 익힐 수 있는 본보기로 이 책을 만들었다.
　그러므로 이 책은 펜글씨의 운필에 비중을 두고 정자(正字)와 행서(行書 : 흘림체)를 비교 관찰하면서 연습에 임할 수 있도록 내용의 충실에 심혈(心血)을 기울였다.
　끝으로 이 책이 여러분의 펜글씨 숙달에 많은 도움이 되기를 바라는 마음 간절할 뿐이다.

1996년 초여름
글쓴이

◆ 일 러 두 기 ◆

1. 펜글씨의 세계
　펜글씨는 선이 가늘어서 자연 글자의 크기에 제약이 있으며 편지나 장부, 그 밖에 서류 등 일상 쓰이는 것이 주이며, 대체적으로 붓글씨는 취미 본위, 예술적인 것에 대하여 펜글씨의 목적은 어디까지나 실용 본위, 사무적인 것이다. 따라서 쓰는 방법에 있어서도 스스로 특색이 있음은 말할 것도 없다.

2. 펜글씨의 요령
　펜은 붓과는 달리 선의 눌림이 거의 없고 즉석에서 안정된 선을 그을 수 있으므로 쓰기에 매우 쉽다. 그렇다고 해서 그저 슬슬 긋는 정도로만 글씨를 쓰면 글씨에서 힘이 느껴지지 않는다. 펜글씨에 있어서도 약간의 눌림이 있어야만 필력의 강약과 필세의 느림과 급함이 나타나서 선이 생생하게 약동하는 살아 있는 글자가 되는 것이다.

3. 한글 쓰기의 특성
　한글은 글자의 짜임새가 한자와는 다르기 때문에 글씨를 쓰는 요령도 자연 다르다.
　한글 글씨는 궁체에 근원을 두고 쓰이고 있는데, 그 선이 한자보다 부드럽고 둥글며, 특히 모음의 세로획은 기필(起筆)이나 수필(收筆)이 독특하고, 이 획이 글자의 주획 역할을 하고 있어 주의하지 않으면 안 된다. 한글 글씨의 모든 획의 기필은 대체로 한자의 그것보다 모나지 않게 부드러운 기분이 나도록 써야 하며, 주획이 되는 세로획의 수필은 머물러 두지 말고 가늘게 뽑되, 일부러 끝을 구부리지 말고 자연스럽게 아래로 뽑아야 한다.

한글궁체

궁체는 궁중에서 궁인들에 의하여 발전한 하나의 서체로써 구부리기, 멈추기, 이어가기의 세 가지 용필의 변화가 가장 중요하다.

⇧ 옥원전(해서)

⇦ 쌍훈기봉(행서)

한글의 특성과 짜임새

　한글은 한자와 같이 점과 획이 많지 않고 짜임새가 독특하기 때문에 쓰기가 쉬운 것 같으나 잘못 쓰면 모양이 일그러지게 된다. 다음은 한글 쓰기의 기본이 되는 몇 자를 예로 실었다.

구부리기 ㄱㄴ	자 구 속 들 린
	길 각 카 켜 내
멈추기 ㄱㅅ	속 잇 지 혀 치
	것 숙 없 낮 낯
이어가기 ㄹㅇ	쾌 서 슬 져 텔
	량 강 레 란 네
	벼 합 효 닳 됴

홀소리 닿소리 정자쓰기

한글의 정자는 점과 삐침 등의 획으로 구성되어 있다. 점획의 찍는 법, 가로, 세로 긋는 획, 당기는 법, 삐치는 법 등에 헐거움이나 느슨함이 있으면 글씨의 짜임새가 없어 보인다. 찍는 법, 당기는 법, 삐치는 법 등을 충분히 공부할 수 있도록 꾸준히 연습한다.

글자	획순	설명	연습				
가	ㅏ	왼쪽 닿소리자의 형태에 따라 1의 1/3, 1/4지점에 점획을 찍는다.	ㅏ				
야	ㅑ	①의 점획은 중간 지점에 ②의 점획은 나머지 길이의 1/2지점에 찍는다. ①②의 점획은 평행을 피한다.	ㅑ				
거	ㅓ	―①의 점획을 중간 위치에 찍는다.	ㅓ				
겨	ㅕ	3등분한 위치에 점획을 찍는다.	ㅕ				
고	ㅗ	ㅗ의 점획은 ―의 중심보다 약간 오른편에 있도록 먼저 긋는다.	ㅗ				
교	ㅛ	①과 ②는 서로 평행의 느낌을 주게 하며 ①은 ②보다 짧게 쓰고 위치는 3등분한 듯이라야 한다.	ㅛ				
구	ㅜ	가로획을 3등분한 위치, 즉 앞에서 2/3정도에서 내려 긋는다.	ㅜ				
규	ㅠ	가로획의 3등분한 위치에 쓰되 ①은 ②보다 짧으며 왼쪽으로 약간 휜 듯이 쓰고 ②는 똑바로 내려긋는다.	ㅠ				
그	―	펜을 약45°각도에서 부드럽게 달리며 끝부분에서는 눌러 떼는 기분으로 쓴다.	―				
기	ㅣ	ㅣ는 수직으로 바르게 내려가면서 끝을 가늘게 한다.	ㅣ				

애	ㅐ	ㅐ의 세로획은 똑바로 그어야 하며 가로획은 세로획의 중간에 긋되 자음을 붙이면 옆으로 본 정삼각형을 이룬다.	ㅐ			
얘	ㅒ	ㅒ의 세로획은 ㅐ의 획과 같은 방법으로 긋는다. 가로획은 수평으로 긋고 아래의 가로획은 약간 위를 긋는다.	ㅒ			
에	ㅔ	위의 ㅐ와 같은 방법으로 쓰되 가로획이 안쪽에 붙고 점선 부분을 잘 살펴서 쓴다.	ㅔ			
예	ㅖ	ㅖ의 첫째, 둘째, 세째획은 ㅕ와 같이 쓰고, 넷째 세로획을 바로 가볍게 긋는다.	ㅖ			
와	ㅘ	ㅘ는 처음 ㅗ의 가로획 끝을 살짝 들어 주고, ㅏ의 중간에 닿도록 붙인다.	ㅘ			
워	ㅝ	ㅝ는 ㅜ와 ㅓ를 나란히 붙인 것이지만 세째 획의 위치가 너무 위로 올라가지 않도록 한다.	ㅝ			
외	ㅚ	ㅚ는 ㅗ를 쓴 다음에 ㅣ를 붙이듯 바로 긋는다.	ㅚ			
위	ㅟ	ㅜ의 가로획은 끝을 가볍게 들며 세로획은 왼쪽으로 삐치되 너무 길면 적당히 쓰고 ㅣ는 똑바로 내려긋는다.	ㅟ			
왜	ㅙ	ㅙ는 ㅗ와 ㅐ를 붙인 것과 같이 쓰되 ○표 부분의 칸을 고르게 하여야 한다.	ㅙ			
웨	ㅞ	ㅞ는 ㅜ와 ㅔ가 붙지 않게 하고 ○표 부분을 고르게 하여야 한다.	ㅞ			

| 애 | 메 | 의 | 위 | 왜 |

가	ㄱ	너무 크지 않게 점획을 찍는 기분으로 쓴다. ○표 부분의 공간에 주의한다.	ㄱ			
나	ㄴ	ㄴ은 왼쪽에서 오른쪽으로 비스듬이 내려 긋다가 꺾이면서 위로 향하듯 쓴다.	ㄴ			
다	ㄷ	①획을 짧게 긋는다. ②획은 ㄴ의 쓰기와 같다.	ㄷ			
라	ㄹ	ㄷ의 쓰는 법과 같이 하되 가로획 사이의 공간이 고르도록 쓴다.	ㄹ			
마	ㅁ	○표 부분이 모나지 않게 하며 아래를 좁히지 않는다.	ㅁ			
바	ㅂ	아래 ○ 부분이 좁아지지 않도록 주의한다.	ㅂ			
사	ㅅ	처음 획은 옆으로 가볍게 삐치고 다음 획은 끝부분에 힘을 주어 멈춘다.	ㅅ			
아	ㅇ	두 번에 써도 무방하다.	ㅇ			
자	ㅈ	선을 그었을 때 ①획과 ②획의 이음 위치와 끝부분이 수평되게 쓴다.	ㅈ			
차	ㅊ	점획은 ㅈ의 중심선에 오른쪽으로 긋고 다음은 위의 ㅈ과 같다.	ㅊ			
카	ㅋ	ㄱ과 같은 방법이나 ②의 점획 위치를 주의한다.	ㅋ			
타	ㅌ	ㄷ과 같은 요령이나 ㄹ의 쓰기와 같이 두 개의 공간이 같도록 한다.	ㅌ			

파	ㅍ	점선을 잘 보고 기울지 않도록 균형을 잡아야 한다. 모음에 따라 약간씩 변동이 있다.	ㅍ			
하	ㅎ	①의 점획은 눕히고 ○표 부분의 공간을 고르게 쓴다.	ㅎ			
고	ㄱ	○표 부분에서 모나게 꺾지 않는다.	ㄱ			
노	ㄴ	○표의 끝부분을 약간 쳐드는 기분으로 쓴다.	ㄴ			
도	ㄷ	①획은 약간 위로 휘는 듯 쓰고 ②획은 ㄴ과 같이 쓴다.	ㄷ			
로	ㄹ	ㄱ에 ㄷ의 쓰기를 접한 것으로 가로획의 사이 ○표 부분이 고르도록 쓴다.	ㄹ			
서	ㅅ	①획은 옆으로 가볍게 삐치고, ②획은 약간 수직으로 내려가 멈춘다. ※ ㅓㅕ에 붙여 쓴다.	ㅅ			
저	ㅈ	ㄱ과 같은 쓰기이나 ○표 획의 방향에 주의한다.	ㅈ			
처	ㅊ	ㅅ과 ㅈ쓰기에 준한다.	ㅊ			
코	ㅋ	ㄱ과 같은 쓰기이나 ○표 획의 방향에 주의한다.	ㅋ			
토	ㅌ	가로획의 사이 ○표 부분을 고르게 쓴다.	ㅌ			
포	ㅍ	○표 부분이 붙지 않도록 ①획은 ②획보다 약간 짧게 쓴다.	ㅍ			

까	77	앞의 1을 작게 쓴다. ※ ㅏㅑㅓㅕㅣ에만 쓴다.	77			
꼬	7ㄱ	1을 작게, ㄱ을 약간 변화시키고 2의 것을 크게 ㅗ에 쓴다.	7ㄱ			
따	ㄷㄷ	1보다 2의 것을 약간 크게 쓴다. ※ ㅏㅑㅓㅕㅣ에만 쓴다.	ㄷㄷ			
빠	ㅂㅂ	앞의 ㅂ보다 뒤의 ㅂ을 약간 크게 쓴다.	ㅂㅂ			
싸	ㅅㅅ	1보다 2를 약간 크게 쓴다. ※ ㅏㅑㅗㅛㅜㅠ에만 쓴다.	ㅅㅅ			
삿	ㄱㅅ	왼쪽과 오른쪽은 같은 크기로 쓴다.	ㄱㅅ			
많	ㄴㅎ	ㄴ을 위로 삐치고 ㄴㅎ을 반반씩 나누어 쓴다.	ㄴㅎ			
젊	ㄹㅁ	ㄹㅁ의 크기를 같이 쓰며 위 아래를 가지런히 쓴다.	ㄹㅁ			
없	ㅂㅅ	ㅂ을 약간 기울이듯 쓰고, ㅅ의 점은 길게 한다.	ㅂㅅ			
늙	ㄹㄱ	ㄹ과 ㄱ이 서로 붙지 않게, 가로의 길이가 길지 않도록 쓴다.	ㄹㄱ			
쫓	ㅈㅈ	오른편 ㅈ을 조금 큰 듯하게 쓰고 동떨어지지 않도록 주의한다.	ㅈㅈ			
앉	ㄴㅈ	ㄴ을 좀 좁게 하고 ㅈ을 세운 듯하게 쓴다.	ㄴㅈ			

정체 꾸미기 요령

라	야	거	소
ㄹ의 ○표 간격을 고르게 하고 ㄹ의 중심이 ㅏ의 중간에 오도록 한다.	ㅑ의 두 점획은 ㅇ에 중심을 잡아 위 아래로 긋는다.	ㅓ의 위 아래 길이가 비슷하나 위보다 아래를 약간 긴 듯하게 긋는다.	ㅅ, ㅈ, ㅊ을 ㅗ, ㅛ에 붙여쓸 때에는 가로로 활짝 펴 쓰고, ㅗ의 ㅣ는 중심을 잡아 그으며 ㅡ는 왼쪽이 약간 길게 긋는다.
라	러	야	쟈	거	더	소	조

우	류	매	워
ㅜ에서 ㅣ는 글자의 중심보다 약간 오른쪽에 내려 긋는다.	ㄹ의 ○표 부분을 고르게 하고 ㅠ의 ①획은 짧게 하고 ②획은 밑으로 곧게 내려 긋는다.	○표 간격을 고르게 하고 ①획은 ②획보다 길지 않게 주의하여 쓴다.	ㅜ의 세로 삐침은 길지 않게 하고 ㅓ를 약간 밖으로 내어 쓴다.
무	우	류	슈	매	애	워	뭐

까	만	엳	를
①획보다 ②획을 약간 크게 쓰고 조금 낮추어 내려 쓰되 ㄱ의 꺾임에 주의한다.	ㄴ의 끝부분이 ㅏ의 내려 긋는 획보다 벗어나지 않으며 끝이 아래로 쳐지지 않게 주의한다.	ㄷ받침은 ㅇ의 크기와 비슷하게, ㅕ의 세로획과 가지런하게 내려쓴다.	ㅇ표 부분의 간격을 고르게 하고 글자가 길어지기 쉬우므로 중심을 잘 잡아 쓴다.
까 따	만 안	엳 넘	를 둘

몸	종	값	많
ㅁ의 크기는 위 아래 같은 크기로 쓰되 중심을 잘 잡아 쓴다.	ㅈ을 납작하게 넓혀 쓰되 전체가 길어지기 쉬우므로 ㅎ의 길이도 짧게 중심을 잘 맞추어 쓴다.	ㅂㅅ이 윗몸보다 커지지 않게 주의하고 ㅅ의 점은 길게 쓴다.	ㄴ이 ㅎ보다 약간 작게 하여 서로 닿지 않게 쓰되 ㅏ보다 벗어나지 않도록 주의한다.
몸 공	종 출	값 없	많 않

정체 자음별 쓰기

| 가 | 겨 | 고 | 구 | 그 | 기 | 나 | 너 | 노 | 누 |

느 니 다 터 두 드 디 라 려 로

류	르	리	마	머	모	묘	무	바	버
류	르	리	마	머	모	묘	무	바	버
류	르	리	마	머	모	묘	무	바	버

보 부 뷰 비 사 서 소 수 스 시

아	여	우	유	이	에	애	의	위	왜
아	여	우	유	이	에	애	의	위	왜
아	여	우	유	이	에	애	의	위	왜

자 쟈 저 조 주 쥬 차 챠 처 초

추 치 카 커 코 쿠 크 키 타 터
추 치 카 커 코 쿠 크 키 타 터

추 치 카 커 코 쿠 크 키 타 터

| 두 | 트 | 티 | 테 | 태 | 퇴 | 파 | 피 | 펴 | 포 |

| 표 | 푸 | 피 | 페 | 하 | 혀 | 호 | 휴 | 히 | 헤 |

해	희	휘	훼	꺼	꼬	때	빠	각	갑
해	희	휘	훼	꺼	꼬	때	빠	각	갑
해	희	휘	훼	꺼	꼬	때	빠	각	갑

정체 받침글자 쓰기

강	갖	건	걷	것	격	겹	경	곡	곤
강	갖	건	걷	것	격	겹	경	곡	곤

곧 골 곳 공 국 군 굳 굴 굽 굿

궁	귯	꾼	굴	겜	갤	낙	난	날	남
궁	귯	꾼	굴	겜	갤	낙	난	날	남
궁	귯	꾼	굴	겜	갤	낙	난	날	남

납 낫 낭 낮 낳 넉 넌 널 넝 년

논 놀 놈 놉 놋 농 높 놓 눅 눈

눌 눕 눔 냄 닥 단 달 담 답 닷

당 닺 덕 덜 덤 덥 덧 덩 도 돋

돌 돔 돕 돗 동 둑 둔 둘 둠 둡

듯 둥 락 란 랄 람 랍 랏 랑 럭

| 런 | 련 | 렵 | 렷 | 록 | 론 | 막 | 만 | 말 | 맘 |

맙	맛	망	맞	먹	멋	멱	면	멸	명
맙	맛	망	맞	먹	멋	멱	면	멸	명
맙	맛	망	맞	먹	멋	멱	면	멸	명

목 몬 몰 몸 몹 못 몽 묵 문 물

물	굼	뭅	뭇	박	반	받	발	밤	밥
물	굼	뭅	뭇	박	반	받	발	밤	밥
물	굼	뭅	뭇	박	반	받	발	밤	밥

밧 방 밭 벅 변 벌 법 벗 변 별

병 복 본 봄 봉 북 분 불 붐 붓

붕	불	삭	산	살	삼	삽	상	석	선
붕	불	삭	산	살	삼	삽	상	석	선
붕	불	삭	산	살	삼	삽	상	석	선

설 섬 섭 섯 속 손 솜 숩 솟 송

| 숙 | 순 | 술 | 숨 | 습 | 승 | 숯 | 숲 | 식 | 심 |

악	안	알	암	압	앗	앞	억	언	엄
악	안	알	암	압	앗	앞	억	언	엄
악	안	알	암	압	앗	앞	억	언	엄

| 업 | 역 | 연 | 엿 | 옥 | 온 | 올 | 옷 | 옹 | 욱 |

운	울	움	웃	웅	윤	융	읍	작	잔
운	울	움	웃	웅	윤	융	읍	작	잔
운	울	움	웃	웅	윤	융	읍	작	잔

잘	잠	잡	장	적	전	점	접	정	젖
잘	잠	잡	장	적	전	점	접	정	젖
잘	잠	잡	장	적	전	점	접	정	젖

족	존	종	죽	준	줄	줌	즙	줏	중
족	존	종	죽	준	줄	줌	즙	줏	중
족	존	종	죽	준	줄	줌	즙	줏	중

| 착 | 찬 | 찰 | 참 | 창 | 척 | 철 | 첫 | 축 | 촌 |

출	춤	츳	총	죽	춘	출	춤	츱	충

칸 칼 캄 컨 컵 컹 곡 곤 골 곱

곳 공 쿵 클 탁 탄 탐 탑 탓 탕

턴	털	톤	통	둔	둡	둣	택	판	팔
턴	털	톤	통	둔	둡	둣	택	판	팔
턴	털	톤	통	둔	둡	둣	택	판	팔

팜	펀	펼	폄	폿	폭	폼	퐁	푹	풀
팜	펀	펼	폄	폿	폭	폼	퐁	푹	풀
팜	펀	펼	폄	폿	폭	폼	퐁	푹	풀

품 풋 핀 필 핑 펜 팹 학 한 할

함	합	항	향	헌	헐	혁	현	협	혹
함	합	항	향	헌	헐	혁	현	협	혹
함	합	항	향	헌	헐	혁	현	협	혹

혼 홍 훈 훌 흉 핵 획 깍 깔 격

꼭	딱	딸	떤	똑	뙬	뻔	빰	뽕	뿔
꼭	딱	딸	떤	똑	뙬	뻔	빰	뽕	뿔
꼭	딱	딸	떤	똑	뙬	뻔	빰	뽕	뿔

국민교육헌장

우리는 민족중흥의 역사적 사명을 띠고 이 땅에 태어났다. 조상의 빛난 얼을 오늘에 되살려,

◀ **어려운 낱말 풀이** ▶ **중흥(中興)**: 쇠퇴하던 일을 다시 흥성하게 함. **역사적사명(歷史的使命)**: 역사적으로 지워진 임무. **확립(確立)**: 확실히 굳게 정해서 변동이 없음. **공영(共榮)**: 다함께 번성함. **지표(指標)**: 옳바른 방향을 세우다. 방향을 가리키는 표지.

안으로 자주 독립의 자세를 확립

하고, 박으로 인류 공영에 이바지

할 때다. 이에 우리의 나아갈 바를

밝혀 교육의 지표로 삼는다.

성실(誠實) : 거짓이 없는 참되고 정성스러움. **타고난** : 지니고 태어난. **소질**(素質) : 본디부터 타고난 재질. **계발**(啓發) : 지능이나 재주를 깨우쳐 갈고 닦음. **처지**(處地) : 당하고 있는 경우. **약진**(躍進) : 힘차고 바르게 진보함.

성실한 마음과 튼튼한 몸으로,

학문과 기술을 배우고 익히며,

타고난 저마다의 소질을 계발하

고, 우리의 처지를 약진의 발판으

창조(創造) : 처음으로 생각해서 만듦. 개척(開拓) : 새로운 분야를 열다. 공익(共益) : 여러 사람의 이익. 질서(秩序) : 조리있는 옳바른 차례. 능률(能率) : 정해진 시간에 할 수 있는 비율. 실질(實質) : 사물의 본바탕 실상.

로 삼아, 창조의 힘과 개척의 정신

을 기른다. 공익과 질서를 앞세우

며 능률과 실질을 숭상하고, 경애

와 신의에 뿌리박은 상부 상조의

숭상(崇尙) : 높이 소중하게 여김. 상조(相助) : 서로 도움. 신의(信義) : 믿음성과 의리.

전통을 이어받아, 명랑하고 따뜻

한 협동 정신을 북돋운다. 우리의

창의와 협력을 바탕으로 나라가

발전하며, 나라의 융성이 나의

전통(傳統): 계통을 받아 전함. **협동**(協同): 서로서로 힘을 합함. **북돋우다**: 돋보이도록 가르쳐 기르다. **창의**(創意): 새로 생각해 냄. **융성**(隆盛): 기운차고 성하게 일어남.

발전의 근본임을 깨달아, 자유와

권리에 따르는 책임과 의무를 다

하며, 스스로 국가 건설에 참여하

고, 봉사하는 국민정신을 드높인다.

참여(參與) : 참가하여 관계함. **봉사(奉仕)** : 남을 위해서 자기를 돌보지 않고 노력함. **드 높이다** : 매우 높게 하다.

반공 민주 정신에 투철한 애국

애족이 우리의 삶의 길이며, 자유

세계의 이상을 실현하는 기반

이다. 길이 후손에 물려줄 영광된

투철(透徹) : 사리를 밝게 꿰뚫음. **실현(實現)** : 이루어져 나타남. **기반(基盤)** : 터전, **후손(後孫)** : 뒤를 이을 자손.

통일조국의 앞날을 내다보며,

신념과 긍지를 지닌 근면한 국민

으로서, 민족의 슬기를 모아 줄기

찬 노력으로, 새 역사를 창조하자,

신념(信念) : 믿어 의심치 않는 굳은 마음. **긍지(矜持)** : 지혜롭게 자신하는 일. **근면(勤勉)** : 부지런함. 슬기 : 사리의 깨달음을 밝고 지혜롭게.

홀소리 닿소리 흘림쓰기

흘려쓰기는 우리 일상 생활을 통해 가장 많이 쓰는 글씨체다. 실용글씨체로 가장 친근미를 가지고 있는 것이 흘림체이며, 선은 부드럽고 탄력성 있도록 긋는 것이 좋다.

ㅣ	ㅣ의 점획을 연속시켜 쓰되 ○표 부분을 넓게 하지 말 것.	ㅣ				
ㅣ	받침으로 연속하여 쓸 때 쓰인다.	ㅣ				
ㅑ	두 점획의 위치에 주의하여 연속시켜 쓴다.	ㅑ				
ㅓ	ㅓ의 꼭지를 내지 않고 닿소리에 이어 쓴다.	ㅓ				
ㅕ	두 점획을 연속시켜 쓴다.	ㅕ				
ㅗ	①획과 ②획을 연속시키되 ①획의 위치에 주의한다.	ㅗ				
ㅛ	①②③획을 연속시켜 쓴다. ①획은 ②획보다 짧게 긋는다.	ㅛ				
ㄱ	윗몸(ㅇ)의 오른쪽에 맞추어 꺾어내려 쓰되 너무 길게 하지 않는다.	ㄱ				
ㄱ	세 개의 획을 연속시켜 쓰되 ②획은 짧게 한다.	ㄱ				
ㅡ	수평으로 긋되 약간 휘어서 부드럽게 긋는다.	ㅡ				

니	○표 부분을 부드럽게 삐쳐 올리며 세로획은 힘있게 바로 내려 긋는다.	니				
비	두 가로획만 연속으로 쓰고 세로획은 나란히 긋는다.	비				
기	○표 부분이 모나지 않게 하고 마지막 세로획은 연속시키지 않는다.	기				
래	ㅕ의 점획을 3등분한 위치에 고르게 긋는다.	래				
놔	ㅗ와 ㅏ를 연속으로 부드럽게 쓴다.	놔				
쐐	정자와 거의 같으나 ㅏ를 연속하고 부드럽게 쓴다.	쐐				
긔	ㅚ도 별로 다르지 않고 획만을 부드럽게 긋는다.	긔				
겨	ㅝ의 ㅜ는 연속으로 쓰고 거와 같은 모양이 되지 않도록 주의해야 한다.	겨				
게	ㅞ의 ○표 부분을 고르게 하고 점획을 부드럽게 한다.	게				
기	ㅟ의 ○표 부분이 모나지 않게 하고 점선에 주의한다.	기				
ㅣ	펜을 가볍게 대어 당기어 바로 내려 긋는다.	ㅣ				

ㄱ	연속시켜 쓰되 ○표 부분의 공간에 주의한다.	ㄱ				
ㄱ	가로와 세로의 길이를 비슷하게 한다. ※ ㅗㅛㅜㅠㅡ와 받침에 붙여 쓴다.	ㄱ ㄱ				
ㄴ	○표 부분의 공간에 주의하여 쓰며 끝부분이 위로 향하게 한다.	ㄴ				
ㄴ	정자와 비슷하다. ※ ㅗㅛㅜㅠㅡ와 받침에 쓴다.	ㄴ				
ㄷ	①획 ②획은 첫부분을 ┊에 맞춘다고 생각하고 연속시킨다.	ㄷ				
ㄷ	모든 획을 연결하여 쓰며 밑의 가로획은 끝을 멈추고 약간 짧게 긋는다. ※ ㅗㅛㅜㅠㅡ와 받침에 쓴다.	ㄷ				
ㄹ	앞의 ㄷ의 필법과 같다. 다만 ①획은 약간 짧게 ①②③의 공간을 같게 한다.	ㄹ				
ㄹ	점선에 주의한다. ※ ㅗㅛㅜㅠㅡ와 받침에 쓴다.	ㄹ				
ㅁ	연속되는 기분으로 쓰되 끝부분이 위쪽으로 향하게 한다.	ㅁ				
ㅁ	연속되는 기분으로 쓴다. 끝부분을 짧게 끊는다.	ㅁ				
ㅂ	②③획을 연속시켜 다음 획으로 옮겨지도록 쓴다.	ㅂ				
ㅅ	①획과 ②획 사이는 가벼운 기분으로 연속시켜 쓴다.	ㅅ				

ㅅ	펜 끝에 힘을 가하여 ○표 부분에서 펜을 멈추어 뗀다.	ㅅ				
ㅇ	모가 나지 않게 하고 정자와 별로 다르지 않다.	ㅇ				
ㅈ	모든 획을 부드럽게 연속시켜 쓴다. ※ ㅓㅕ에만 붙여 쓴다.	ㅈ				
ㅈ	약간 옆으로 납작하게 쓴다. ※ ㅗㅛㅜㅠㅡ에 붙여 쓴다.	ㅈ				
ㅊ	간격을 고르고 부드럽게 쓰며 점선에 주의하여 쓴다. ※ ㅓㅕ에만 붙여 쓴다.	ㅊ				
ㅋ	ㄱ과 ㅡ를 억지로 연속시켜 쓰지 않는다. ※ ㅏㅑㅓㅕㅣ에 붙여 쓴다.	ㅋ				
ㅋ	획의 끝을 가볍게 든다. ※ ㅗㅛㅜㅠㅡ와 받침에 쓴다.	ㅋ				
ㄹ	①②③의 공간을 의지하며 ①획과 ②획은 이어 쓰지 않는다.	ㄹ				
ㄹ	가로획의 끝을 잘 멈춘다. ※ ㅗㅛㅜㅠㅡ와 받침에 붙여 쓴다.	ㄹ				
ㄹ	두 번째 세로획을 아래의 가로획과 연속시켜 쓴다. ※ ㅏㅑㅓㅕㅣ에 붙여 쓴다.	ㄹ				
ㅍ	ㅛ의 필법 요령으로 쓴다.	ㅍ				
ㅎ	③의 ㅇ을 ②획에 연속시켜 한 번에 쓴다.	ㅎ				

흘림체 꾸미기 요령

		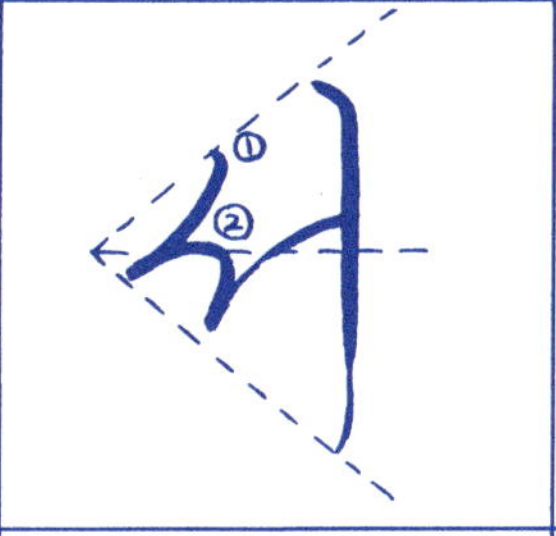	
ㄹ의 ○표 부분을 고르게 하고 △표 부분은 모나지 않게 쓴다.	ㅇ은 모나지 않게 싸는 듯이 두번에 쓰며 ㅑ의 가로획은 한흐름에 흘려쓴다.	①획과 ②을 한 흐름에 이어쓰되, ①획을 너무 길지 않게 쓴다.	○표 부분이 모나지 않게하고 대략 ㄷ획의 중심부로 삐친다.

라	리	야	갸	서	저	대	애

①획은 점이라기보다 짧은 가로획이며, ○표 부분의 간격에 유의하고 좌우를 가지런히 쓴다.	ㄹ의 아래와 ㅏ의 끝을 나란히 하고 ㅏ와 ㅇ을 한 흐름에 이어 쓴다.	ㅁ획은 연속되는 기분으로 쓰되 끝부분을 짧게 끊고 위 아래 같은 크기로 중심을 잡아 쓴다.	ㅌ과 ㄹ의 오른편 끝을 가지런히 하고 전체가 길어지지 않도록 당겨 쓴다.

토	코	랑	장	름	블	틀	출

흘림체 자음별 쓰기

| 가 | 거 | 고 | 구 | 국 | 게 | 개 | 커 | 나 | 녀 |

노 누 누 내 디 대 도 두 라 러

로 록 마 메 뽀 매 뫼 뮈 바 보

곡	시	서	소	수	슈	세	새	이	어
곡	시	서	소	수	슈	세	새	이	어

오 우 애 외 워 지 저 조 주 제

재 치 처 초 측 체 갸 거 게 타

도 득 피 터 포 한 호 흑 회 획

흘림체 받침글자 쓰기

| 각 | 간 | 갈 | 감 | 갓 | 강 | 갖 | 결 | 겹 | 곡 |

곤 글 굿 공 글 굿 궁 누 놀 남

넌	누	는	눌	눗	농	늘	늄	닥	단
넌	누	는	눌	눗	농	늘	늄	닥	단
넌	누	는	눌	눗	농	늘	늄	닥	단

달 닮 답 닷 당 동 돌 돗 등 락

란	탈	론	롯	롱	록	룻	룽	막	만
란	탈	론	롯	롱	록	룻	룽	막	만
란	탈	론	롯	롱	록	룻	룽	막	만

딸	맛	면	멸	몸	콩	박	밤	뼐	블
딸	맛	면	멸	몸	콩	박	밤	뼐	블
딸	맛	면	멸	몸	콩	박	밤	뼐	블

| 꽃 | 뱀 | 삭 | 산 | 설 | 쑥 | 쓴 | 솔 | 숙 | 순 |

악	안	알	엄	온	울	윽	웅	웃	작
악	안	알	엄	온	울	윽	웅	웃	작
악	안	알	엄	온	울	윽	웅	웃	작

잔	잘	잠	장	죽	존	종	즉	집	짖
잔	잘	잠	장	죽	존	종	즉	집	짖
잔	잘	잠	장	죽	존	종	즉	집	짖

착	찬	찰	참	춘	출	측	측	갈	공
착	찬	찰	참	춘	출	측	측	갈	공
착	찬	찰	참	춘	출	측	측	갈	공

| 클 | 탁 | 탈 | 탐 | 탕 | 틈 | 팡 | 팔 | 폼 | 폿 |

학	한	함	항	헛	흘	맑	밖	삶	앓
학	한	함	항	헛	흘	맑	밖	삶	앓
학	한	함	항	헛	흘	맑	밖	삶	앓

살고 있는한 일을 한다는 것은

훌륭한 것이며 또 멀지 않아

못하게 될 것이라는 것을 알지

않으면 안된다. 일을 되하는

자는 인생에 가장 중요한 것을

잊어버리게 되는것이다.

일을 떠나서 그자신의 땀과

노력을 떠나서 그누가 훌륭히

인생을 살았고 빛나는 발

자국을 남기었던가? 그대의

일이 잠시 괴롭더라도 결국

그대에게 유익한 것을 약속

하고 있으며 그대는 그대로

움을 이기고 견디지 않으면

안되는 것이라고 굳게 믿어야

한다.

글씨는 마음의 거울이오

사람의 인격을 표현하는 것이다.

그러므로 글씨공부는 하나의 수양이다.

그대여 항상 이마에는 예절이
눈에는 슬기가 입에는 친절이
가슴에는 진실이 그라고
손에는 노동이 있으라.

한글 정자 지명쓰기			
서울특별시	서울特別市		
부산직할시	釜山直轄市		
대구직할시	大邱直轄市		
인천직할시	仁川直割市		
경 기 도	京 畿 道		
강 원 도	江 原 道		
충 청 북 도	忠 清 北 道		
충 청 남 도	忠 清 南 道		
경 상 북 도	慶 尙 北 道		
경 상 남 도	慶 尙 南 道		
전 라 북 도	全 羅 北 道		
전 라 남 도	全 羅 南 道		
제 주 도	濟 州 道		

중구	中區					
종로	鍾路					
용산	龍山					
마포	麻浦					
성동	城東					
시흥	始興					
화성	華城					
용인	龍仁					
광주	廣州					
이천	利川					
안성	安城					
고양	高陽					
가평	加平					
양주	楊州					

파	주	坡州					
연	천	連川					
포	천	抱川					
양	평	楊平					
여	주	麗州					
김	포	金浦					
춘	천	春川					
강	릉	江陵					
원	주	原州					
속	초	束草					
화	천	華川					
양	구	楊口					
인	제	麟蹄					
홍	천	洪川					

명	주	溟州					
고	성	高城					
묵	호	墨湖					
원	성	原城					
횡	성	橫城					
평	창	平昌					
영	월	寧越					
삼	척	三陟					
철	암	鐵岩					
정	선	旌善					
철	원	鐵原					
대	전	大田					
천	안	天安					
연	기	燕岐					

대	덕	大德					
금	산	錦山					
당	진	唐津					
서	산	瑞山					
논	산	論山					
부	여	扶餘					
청	주	淸州					
충	주	忠州					
제	천	堤川					
단	양	丹陽					
진	천	鎭川					
영	동	永同					
음	성	陰城					
괴	산	槐山					

청	원	清原					
목	포	木浦					
순	천	順天					
여	수	麗水					
담	양	潭陽					
곡	성	谷城					
화	순	和順					
광	산	光山					
영	광	靈光					
장	성	長城					
나	주	羅州					
영	암	靈岩					
대	천	大川					
서	천	舒川					

장	항	長項					
군	산	群山					
전	주	全州					
정	주	井州					
고	창	高敞					
김	제	金堤					
광	주	光州					
해	남	海南					
장	흥	長興					
벌	교	筏橋					
무	안	務安					
거	창	居昌					
창	녕	昌寧					
경	주	慶州					

마	산	馬山					
창	원	昌原					
진	해	鎭海					
진	주	晉州					
충	무	忠武					
울	산	蔚山					
양	산	梁山					
동	래	東萊					
김	해	金海					
통	영	統營					
거	제	巨濟					
남	해	南海					
밀	양	密陽					
사	천	泗川					

포	항	浦項					
영	천	永川					
달	성	達城					
칠	곡	漆谷					
군	위	軍威					
성	주	星州					
선	산	善山					
구	미	龜尾					
김	천	金泉					
상	주	尚州					
점	촌	店村					
문	경	聞慶					
안	동	安東					
영	주	榮州					

한글 낱말쓰기

자유세계		
독립투사		
애국정신		
백의종군		
국난극복		
조국수호		
일편단심		
위국충절		
유비무환		
반공방첩		
방위성금		
솔선수범		
자진납세		
경제개발		

수출증대		
문화창조		
훈민정음		
생활개선		
근면검소		
미풍양속		
정직성실		
삼일운동		
삼권분립		
자주국방		
언론자유		
공업단지		
전자기계		
능률증진		

군경원호		
명랑사회		
산림보호		
과학영농		
양곡증산		
협동단결		
교칙엄수		
학습활동		
실험연구		
부모형제		
일심동체		
현모양처		
삼강오륜		
공중도덕		

경로정신		
철두철미		
춘하추동		
국력배양		
도산서원		
율곡선생		
선견지명		
주경야독		
문맹퇴치		
신속정확		
경리실무		
외화획득		
백년가약		
국위선양		

편지문 쓰기

〈쓰는 요령〉
1. 꾸밈없는 성의가 있어야 한다.
2. 인사를 잊지 말아야 한다.
3. 목적과 용건을 분명하게 써야 한다.
4. 답장을 늦추지 말고 써야 한다.
5. 친밀감이 있어야 한다.
6. 쉬운 말, 간결한 문장으로 써야 한다.
7. 글씨는 정성들여 써야 한다.
8. 예의를 갖추어 써야 한다.

〈편지글의 짜임〉
편지는 쓰는 목적이나 용건에 따라, 그 글의 형식이 일정하지 않다. 그러나 일반적으로 대개 다음과 같은 짜임으로 쓰여지는 것이 상식이다.

1. 앞글…〈앞글이란 용건을 쓰기에 앞서 하는 인사말이다〉
   ① 일으키는 말…어머님 드리옵니다, 존경하는 선생님께.
   ② 계절의 인사말…날씨가 고르지 못한 이 때
   ③ 안부를 묻는 말…찾아뵙지 못한 그 동안 평안하셨는지요?
   ④ 자기의 소식을 전하는 말…저는 염려해 주시는 덕택으로 잘 있습니다.

2. 본글…〈본글이란 편지를 쓰는 목적과 용건을 적는 부분이다〉
   ① 명확하게 ② 간결하게
   ③ 알기 쉽게

3. 끝글…〈본글에서 용건을 다 말한 뒤, 그 글을 끝맺는 인사의 말이다〉
   ① 전하는 말
   ② 건강과 축복을 비는 말
   ③ 끝맺는 말
   ※ 날짜 ※ 서명(이름)

4. 덧붙임…〈긴요한 용건이나 부탁을 빠뜨렸을 때 날짜와 서명 뒤에 적는다.〉

부모님전 상서

  삼복지절에 옥체건안 하옵신지요, 저희 들도 부모님께서 염려해 주시는 덕분으로 별고 없이 잘 지내고 있습니다.

  몇번이나 부모님을 찾아 뵈올까 마음은 먹지만 직장일에 바쁘다보니 좀처럼 틈이 나질 않습니다.

  그러나 내어찌 제가 고향을 잊으며 부모님의 정을 잊을리 있겠습니까.

  이번 휴가엔 꼭 한번 찾아 뵙겠습니다.

  그전에 얼마 되지 않은 돈이오나 나들이 하시는데 보태 쓰시기 바랍니다.

  그럼 뵈올때까지 건안 하시기를 기원 하옵니다.

        서울에서 불효식 올림

편지봉투 쓰기

흰 봉투를 사용하며 받는 사람의 주소와 성명은 잘 알아볼 수 있도록 정자로 쓴다. 받는 사람의 주소는 오른쪽에 쓰고 성명은 주소 보다 약간 크게 중앙에 쓴다. 보내는 사람의 주소와 성명은 약간 적게 내려 쓴다.

※ 체신부 규격 봉투를 사용하여야 하며 우편번호를 꼭 써야 한다.

보내는 사람
서울특별시 관악구 신림9동 255-96
김 정 훈

받는 사람
충청남도 보령군 대천읍 신흑리 153
천 미 영 귀

보내는 사람

받는 사람

그림엽서 쓰기

① 그림엽서는 대체로 앞면은 사진이고 뒷면에 쓰도록 되어 있다.
② 여러 가지 형식이 있으므로 그 형식에 맞추어 쓰도록 한다.
③ 편지문은 대체로 한 줄에 9자에서 12자 정도가 알맞고 행 수도 역시 9행에서 10행 정도에 끝마치도록 한다.
④ 여행의 풍경과 광경을 보고 느낀 대로 써야 한다.
⑤ 그림을 그리거나 간단한 시를 적어도 좋을 것이다.

POST CARD

우편엽서 100-□□□
보내는 사람 김영길
서울특별시 중구 필동 21의 7

520-□□□
받는 사람 이덕만
전북 전주시 인후동 200의 15

다정한 벗에게
무사히 이곳 서울에 도착 하였다
말로만 듣던 곳을 이렇게 와서
보게 되니 그저 탄성이 나올
뿐이다. 내일 서울 대공원을
보러갈 예정이다
  대공원의 이모저모를 다시
전하기로 하고 오늘은 이만 줄인다.

크리스마스 카드·연하장·소개장

크리스마스 카드

크리스마스 카드는 깨끗한 백지에 축하하는 말을 직접 써서 보내는 것이 제일 좋다. 그리고 지나친 미사여구는 허례에 빠지고 만다.

眞에게

즐거운 성탄과 福된 새해가 네게 와 주기를!

여기도 따뜻한 불빛 안방의 식탁, 제 단옆의 추억, 잘도 웃는 네 아우들, 그리고 아버지 소싯적 말씀…… 다 네가 아는 그대로이지. 우리는 항상 너와 함께 있다. 온 가족의 사랑와 기원을 먼 이국에 있는 너의 X-마스를 위해 보낸다.

엄마가

희망의 새해가 밝았읍니다.
이 해에는 더욱 분투 노력하시어 모든 소원이 이루어 지시기를 기원합니다.
복된 꿈과 알찬 보람이 함께 엉글어지시길 바랍니다.

1982년 새해 아침
김 정 길 올림

소개장 쓰기

소개나 부탁의 편지는 상대방에게 미안을 끼치면서 도움을 청하는 일인만큼 정중해야 한다. 쓰기 전에 상대방의 입장이 되어 생각해야 한다.

사절의 편지는 바쁘다고 그냥 냉정히 거절해 버리지 말고 사죄를 구하는 기분으로 정중하게 써서 보내야 한다.

강 사장님

친구 김영길 군을 소개합니다. 바쁘신 가운데 황송하오나마는 만나주시면 감사하겠습니다.

박 창 길

식사문 쓰기

① 식사문이란?
   의식장에서 격식을 갖추어 인사로 하는 말을 문장으로 만든 것이다.
② 마음의 자세와 태도
   가) 태도는 어디까지나 진정을 표시하는 정중성이 있어야 한다.
   나) 자아 위주, 즉 사적으로 기우러져서는 안 된다.
   다) 청중에게는 반드시 절실하고 심각한 의사의 표시가 필요하다.
   라) 고상하고 품위있는 말씨를 써야 한다.

③ 식사문의 짜임
   가) 서론…이 시간, 이 자리에 참가하게 된 동기와 기쁨 또는 슬픔.
   나) 내용…식이 있게 된 동기와 현재에 다다른 경위와 당면 과제.
   다) 결론…식 실제의 내용 및 이 식이 바라는 목적과 결말을 들고, 그 의의와 결론과 축복.

④ 식사문의 내용 구성
   가) 언제나 새로운 것
   나) 과분하지 않은 실례
   다) 되풀이 설명을 하지 말 것
   라) 살아있는 생생한 내용일 것
   마) 통계는 알기 쉽고 간명하게
   바) 명확한 사실과 확실한 재료
   사) 진실이 담길 것
   아) 상대방의 감정를 정확히 파악할 것

> 동창회 축사
>
> 제가 오늘 이 영광된 자리에 서게 됨을 기쁘게 생각하는 바입니다.
>
> 여러분께서도 "벗"이란 얼마나 소중하며, 실사회에 나아가 많은 마음의 의지가 된다는 것을 깨달았으리라 믿습니다.
>
> 어려운 처지에 놓여 괴로울때 스스로 나서 돕겠다는 이가 얼마나 되겠습니까?
>
> 그러기에 동창회란 우리에게 마음의 고향이며 보람의 결실이라 생각하여 더욱더 알찬 모임이 되기를 기원 합니다.
>
> 감사 합니다.
>
> 동창회 장

결석신고서

제 3학년 1반 32번

김 진 호

이번에 본인은 다음과 같은 사유로 결석고자 보호자 연서로 신고합니다

다 음

1. 결석사유 감기몸살 (진단서첨부)
2. 결석기간 199 년 월 일
             199 년 월 일 (일간)

199 년 월 일

신고자 김진호 ㊞

보호자 김철수 ㊞

삼일중학교장 귀하

(인사서식 제1호)

이 력 서

사 진	성 명	김진호	인	주민등록번호 650115-9177316
	생년월일	서기 1965년 1월 15일생 (만 30세)		

현 주 소	서울특별시 종로구 창신동 325번지		
호 적 관 계	호주와의관계 장남	호주성명	김철수

년	월	일	학력및경력사항	발령청
1964	3	1	창신초등학교 제1학년 입학	
1980	2	15	위 학교 제6학년 졸업	
1980	3	5	정일중학교 1학년 입학	
1988	5	5	전국 어린이날 글짓기 대회 입상	

위와 같이 틀림 없음

1990. 4. 1.

김 진 호 (인)